Para o Noah:
Amo-te mais do que um trilião, milhão, milhar, gazilião e vinte e sete
centenas de biliões de dinossauros.
Para sempre e eternamente,
a tua mamã.

Texto Copyright © 2025 Sonia Esgueira.
Ilustrações de Natalie-Pierre Eugene.
Colorização por Johan Mathys Van Rooyen.

Primeira edição publicada em 2025 pela Amazon USA.
ISBN 978-1-0492-0222-8

ÉS

PERFEITAMENTE

TU!

Nunca pensei que pudesse amar alguém tanto como te amo a ti.

Mas a cada dia que passa, amo-te mais, e mais e mais e

MAIS

até que penso...

Ups...
U-AU!
Caramba!
O meu coração vai

EXPLODIR!

E no dia seguinte –
consegues acreditar?
– ainda te amo mais!

O quê? Isso é impossível, dizes tu.
Mas... não é!

A cada dia o meu coração
cresce, CRESCE,

CRESCE

e amo-te mais do
que nunca.

Como é que não havia de amar?
Olha só para ti!
És incrível!

Fantástico

És perfeitamente tu!

Adoro ver o mundo através da
tua mente maravilhosa –

com o dedo bem enfiado no nariz, fazes mil
perguntas: "porquê?"

E ninguém acha piadas de cocó tão engraçadas como tu –

HAHA

é verdade, o teu rosto inteiro brilha com delícia.

Cada dia contigo é cheio de alegria
e gargalhada

que mal posso esperar por descobrir mais contigo
ao meu lado...

Como saltar em poças lamacentas

Escavar em busca de minhocas viscosas e nojentas

Brincar aos
dinossauros ferozes –
RUUUUGIR!

Ou... simplesmente ficarmos aninhados
enquanto te faço festinhas
nas costas.

Mas o melhor de tudo é ver-te
a seres perfeitamente tu.

És meigo, inteligente,
adorável e genuíno,
tudo porque és perfeitamente tu.

Mesmo quando estás

RABUGENTO

ZANGADO

OU

EM BAIXO

**Desarrumado, barulhento ou fedorento –
sim, é verdade –
não há nada de errado que possas fazer
que me faça deixar de te amar.**

És a minha coisa preferida no mundo inteiro, melhor do que alguma vez sonhei que serias.

O quê??? Isso é impossível, dizes tu!
Mas não – é mesmo verdade.

Tudo porque és perfeitamente tu.

Olha só para ti!
Chiça Penico, és corajoso!

Valha-me Deus, és tão meigo!

És a coisa mais maravilhosa com uma mente brilhante!

És o amor mais adorável de todo o mundo
enorme
gigantesco
imenso!

Sim, tu mesmo – tudo porque és perfeitamente tu.

E às vezes, quando tens medo de experimentar algo novo, eu sussurro-te ao ouvido: Eu acredito em ti.

Tu consegues!
Tu consegues!
Tu consegues!

Vejo-te a encheres-te de coragem, como nunca.
Começa como um sussurro e transforma-se num RUGIDO!

RRUUGIIDOOO!!

Eu sei que consigo, eu sei que consigo

– Consigo! Consigo!
Consigo!

Cada dia é o melhor quando estás ao meu lado. E mesmo quando penso que já não podemos divertir-nos mais, chega o dia seguinte a dizer:

EU SEI QUE TU CONSEGUES!

Eu sei que tu consegues! Tu consegues! Tu consegues! Tu consegues!

Tu PODES ser um pirata,
um arqueólogo ou um veterinário,

um enorme dinossauro peidolas,
ou um avião jumbo gigante!

PFFFT!

Tenho tanto orgulho em ser tua mãe, e não podia
amar-te mais –
tudo porque és perfeitamente TU.

Criámos este livro com muito ♡ e esperamos que te tenha trazido tanta alegria como nos trouxe a nós!
Mostra-nos um bocadinho de amor e deixa a tua opinião online na **Amazon** ou no **Goodreads**.

Segue a autora aqui:

@Sonia_Sonya_Sonja (Instagram)

@Soniaesgueira (TikTok e Facebook)

NOVAS HISTÓRIAS ESTÃO A CAMINHO...

www.ingramcontent.com/pod-product-compliance
Lightning Source LLC
LaVergne TN
LVHW072115070426
835510LV00002B/61

9 781049 202228